Dieses Buch gehört

....

Liebe Eltern,

wir wollen Ihr Kind beim Lesenlernen unterstützen, und zwar mit Geschichten, die Spaß machen.

Unsere Bücher mit dem liebenswerten Leselöwen begleiten Ihr Kind durch die 2. Klasse und enthalten Geschichten zu spannenden Themen mit einfachen Sätzen. Viele bunte Bilder sorgen für Lesepausen und helfen, die Geschichten zu verstehen. Die große, gut lesbare Schrift wurde extra für Leseanfänger*innen entwickelt und ist auch für Legastheniker*innen geeignet. Mit den Aufgaben zum Text kann Ihr Kind selbst prüfen, ob es den Text richtig verstanden hat. Zu den markierten Wörtern warten am Ende des Buches spannende Fakten und in unserem Onlineportal finden Sie viele weitere Extras.

So wird Ihr Kind zum echten Leselöwen!

Ihr

Leselöwe

Leselöwen

Anni Möwenthal

Geschichten von Camping-Abenteuern

Illustriert von Laura Bednarski

Loewe

Ihre Meinung zählt!

Nehmen Sie jetzt an einer kurzen Elternbefragung des Loewe Verlags teil und beeinflussen Sie die zukünftige Entwicklung unserer Kinderbücher:

www.elternbefragung.online

Unser Kinderbuch-Newsletter bietet alle Infos zu Neuerscheinungen und tollen Veranstaltungen, exklusive Gewinnspiele und vieles mehr!

Jetzt kostenlos abonnieren: *www.loewe-verlag.de*

FSC
www.fsc.org
MIX
Papier aus verantwortungsvollen Quellen
FSC® C109273

Klimaneutral
Druckprodukt
ClimatePartner.com/18521-2202-1001

ISBN 978-3-7432-1174-2
1. Auflage 2022

Umschlag- und Innenillustrationen: Laura Bednarski
Umschlaggestaltung: Michael Dietrich
Vignetten Leselöwe und Sticker: Angelika Stubner
Printed in the EU

www.leseloewen.de

Inhalt

Papa kennt sich aus

„**Campen** in Nord-Schweden
ist ein echtes Abenteuer“,
sagt Papa. Er kennt sich aus.
Johanna und er fahren ewig
mit dem Auto.
Doch dann sind sie da.
Vor ihnen liegt ein blauer See.

„Hier stellen wir das Zelt auf“,
sagt Papa. „In Schweden darf man
überall zelten. Wo man will.“
„Auch auf einem **Elch**?“,
fragt Johanna.
Papa lacht.

Um den See herum ist lauter Wald.
Und unten am Ufer gibt es
hübsche flache Felsen.
„Dann fange ich uns mal
einen Fisch“, sagt Papa.
Es beißen aber keine Fische an.
Beißen tun nur die Mücken.

„Geh du doch ein bisschen
die Gegend erforschen“, sagt Papa.
„Ich fange den Fisch zu Ende
und mache ein Feuer.“
Also erforscht Johanna den Wald.
Dabei findet sie eine Lichtung.
Und mitten darauf steht etwas Großes.

„Ein Elch!“, flüstert Johanna
und teilt die Zweige.
Es ist kein Elch. Es ist pelziger
und hat gar kein Geweih. Ein Bär.
Johanna schluckt. Papa hat ihr erzählt,
dass Bären nicht gefährlich sind,
solange man ruhig bleibt.

Man soll mit Bären reden. Oder singen.
Johanna kann ja kein Schwedisch,
reden geht nicht.
Also singt sie.
Das Erste, was ihr einfällt.
„Wir haben Hunger, Hunger, Hunger,
haben Hunger, Hunger, Hunger ...“

Der Bär hebt den Kopf.
Er sieht auch hungrig aus.
Johanna geht langsam rückwärts.
Es wird schon dunkel.
Dann dreht sie sich um und rennt.
Bis etwas zwischen den Bäumen leuchtet.
Das **Lagerfeuer**!

Johanna lässt sich neben das Feuer fallen.

„Papa!“, keucht sie. „Ich habe …“

Papa sieht ganz rußig aus.

„Ich, äh, hatte etwas Probleme

mit dem Feuermachen“, sagt er.

Er gibt Johanna einen Teller mit Fisch.

In Tomatensoße.

„Ich kenne mich eben aus“,
sagt Papa. „Mit Kochen und Campen.“
„Mit Bären auch?“, fragt Johanna.
Hinter den Bäumen steht der Bär.
„Blaubeeren gibt es hier sicher“,
sagt Papa.
„Ich meine mehr so braune Bären“,
sagt Johanna.

Papa folgt ihrem Blick.
„Oh!“, ruft er. Und hechtet ins Zelt.
Johanna kriecht hinterher.
„Gut, dass du Zelte aufbauen kannst“,
sagt sie. „Hier sieht uns der Bär
schon mal nicht.“
In diesem Moment stürzt das Zelt ein.

„Ich habe eine der Stangen
nicht gefunden“, sagt Papa kleinlaut.
„Wenn der Bär weg ist,
schlafen wir einfach draußen“,
sagt Johanna. „Solange
das Wetter gut ist.“
Da fängt es an zu regnen.

„Papa“, sagt Johanna.
„Ich nehme das jetzt in die Hand.“
Sie windet sich aus dem Zelt.
Der Regen fällt in Strömen.
Der Bär ist auch ganz nass.
„Hier“, sagt Johanna.
„Du kriegst meinen Fisch.“

Johanna wirft die Fisch-Stücke
so weit sie kann. Und es klappt.
Der Bär geht weg. Zum Fisch.
Schmatzend frisst er ihn auf.
Als er satt ist, verschwindet er
im Dickicht der Tannen.
Unter den Ästen sieht es trocken aus.

Johanna wartet, bis der Bär sicher nicht zurückkommt. Dann baut sie an der trockenen Stelle eine Hütte. Aus noch mehr Ästen.

„Ich wusste gar nicht, dass du das kannst“, sagt Papa.

„Ich auch nicht“, sagt Johanna.

In der Hütte ist es gemütlich.
Papa hat noch eine Dose:
Makrele in Tomatensoße.
„Es war kein selbst geangelter Fisch“,
gesteht er. „Ich kenne mich
nur halb-gut aus. Mit Angeln.
Und Campen.“

„Macht nichts“, sagt Johanna.
„Wir sind ja zu zweit.
Falls ein Elch kommt,
kann ich dich auch beschützen.“
Da hört der Regen auf.
Der Himmel ist voller Sterne.
Das wird ein prima Urlaub.

Abenteuer im Garten

„Mama und Papa können in den Ferien
im Campingwagen schlafen“,
sagt Jan. „Wir schlafen im Zelt.“
„Und heute üben wir“,
sagt sein Bruder Tom. „Im Garten.“
Mama macht ihnen Picknick:
Würstchen und Äpfel und Brote.

Tom hat eine Packung Gummischlangen.

„Ich will auch campen!“, ruft Lisa.

Sie ist erst vier.

„Nee, lass mal“, sagt Jan.

Die Jungen nehmen ihre Rucksäcke

und wandern eilig los.

Bevor Lisa doch noch mitkommt.

Hinten im Obstgarten
bauen sie ihr Zelt auf.
Zwischen den Apfelbäumen.
Das ist total weit weg vom Haus.
Fast in der Wildnis.

Die Sonne geht unter
und sie sitzen vor ihrem Zelt.
Fledermäuse fliegen
zwischen den Bäumen.
Da fragt eine kleine Stimme:
„Esst ihr jetzt die Gummischlangen?“

„Lisa!“, ruft Jan. „Was tust du hier?“
„Ich campe“, sagt Lisa.
Sie hat ihren Teddy unterm Arm.
„Du kriegst eine Gummischlange“,
sagt Tom. „Wenn du nach Hause gehst.“
Lisa murrt. Aber sie geht.

Dann ist die Nacht da.
Der Wind rauscht in den Zweigen.
Im Gebüsch knackt es.
Etwas raschelt.
„Ich, äh, gehe ins Zelt“, sagt Jan.
„Weil ... es ein bisschen kalt wird.“
„Ja, ich auch ... wegen der Mücken“,
sagt Tom.

Im Zelt kriechen die beiden
in ihre warmen Schlafsäcke.
Da raschelt es draußen lauter.
„Ein Igel", sagt Jan. Etwas kracht.
„Ein Igel zerbricht keine Zweige",
sagt Tom. „So groß sind Igel nicht."
„Ein Igel auf Stelzen?", flüstert Jan.

Sie kichern.

Aber ganz wohl ist ihnen nicht.

Etwas kommt eindeutig

durch die Büsche auf das Zelt zu.

„Ein Wildschwein“, sagt Tom.

Wildschweine sind gefährlich.

Sie sitzen ganz still.
Vielleicht denkt das Schwein dann,
das Zelt wäre ein Felsen.
Da raschelt es direkt vor dem Eingang.
Ein Schatten fällt auf das Zelt.
„Ein Mensch, aber mit Flügeln“,
flüstert Jan. „Ein … Vampir!“

„Es gibt keine Vampire“,
wispert Tom zurück.
Trotzdem drängen sie sich aneinander.
Hätten sie nur nie die Idee gehabt,
im Garten zu zelten!
Der Schatten öffnet die Zeltklappe.
Tom schließt die Augen.

„Habt ihr noch Gummischlangen?“,
fragt der Schatten.
Tom macht die Augen auf.
Jan knipst seine Taschenlampe an.
Da steht Lisa. Sie hat eine Decke
um sich gewickelt
und hält die Ecken fest.
Fast sieht es aus, als hätte sie Flügel.

„Mann, Lisa!“, sagt Tom.
Er will sauer werden,
aber er ist zu erleichtert.
Dann liegen sie zu dritt im Zelt.
Draußen malt das Mondlicht
Schatten von Ästen aufs Dach.
„Wie Geisterhände“, sagt Lisa.

„Hast du keine Angst?“, fragt Tom.

„Nö, hab ich nicht“, sagt Lisa.

„Und jetzt schlaf ich.

Wenn was ist, weckt mich.

Damit ich euch retten kann.“

Die Angeberinnen vom Ferienlager

Mia und Emma haben ein grünes Zelt.
Sie passen beide genau hinein.
Das Zelt hat früher Mias Papa gehört.
Aber ins Zeltlager fahren sie allein.
Dort passt Daniel auf alle auf.
Er leitet das Ferienlager.

Der Zeltplatz liegt auf der Insel Rügen.
Unter Kiefern, die gut duften.
Und der Strand
ist nur zwei Minuten weit weg.
Alles wäre wirklich perfekt.
Wenn da nicht
die Super-Angeberinnen wären.

Die Super-Angeberinnen sind schon elf und haben ganz viele Sachen. Alle sind neu und teuer. Schicke Bikinis. Sonnenliegen. Tolle Taucherbrillen. Und ihr Zelt ist riesig. Die Mädchen heißen Sissy, Kimmy und Elsie.

„Ihr Armen!“, rufen sie. Im Chor.

„So ein altes Zelt! Und so klein!“

Heute steht ein neuer Campingwagen
auf dem Platz:
zwei Jungs und ihre Eltern.
Die Jungs sind so alt
wie die Super-Angeberinnen.
„Der Camper ist Waaahnsinn!“,
sagt Sissy. „Mit Musikanlage!“

„Die Jungs wollen denen
Surfen beibringen“, sagt Mia.
Emma seufzt.
Und dann ist auch noch
Sandburgen-Wettbewerb.
Das war eine Idee von Daniel.

„Sandburgen sind für Babys!“,
sagt Kimmy. Aber sie sagt es so,
dass Daniel es nicht hört.
Emmas und Mias Burg ist rund.
Mit Muscheln als Fenster.
Und einem Blumengarten.

Die Super-Angeberinnen bauen
eine Burg in Form eines Bikinis.
Die Jungs spendieren Cola.
Am Ende schmücken die Angeberinnen
den Bikini mit einem alten Fischernetz.
„Guckt mal, wie kindisch!“,
sagt Elsie. „Eine Burg mit Garten!“

Alle Ferienkinder stimmen ab.
Emma und Mia werden Zweite.
Die Netz-Bikini-Burg gewinnt.
„Bloß, weil die Surfer-Jungs
heimlich mit abgestimmt haben!“,
zischt Emma.

„Liiieber Daniel“, flötet Sissy.
„Dürfen wir heute Abend
das Lagerfeuer schwänzen?
Wir sind verabredet. Im Campingbus.
Zum Filmabend.“
„Ist okay“, sagt Daniel.
„Solange die Eltern dabei sind.“

Auf einmal ist das Lagerfeuer
gar nicht mehr schön.
Als alle in ihre Zelte gehen,
fragt Emma: „Sollen wir auf die Kiefer
da drüben klettern? Dann können wir
von oben durchs Fenster
in den Campingwagen gucken.“

Also klettern sie den Baum hinauf.

Er schwankt im Wind.

„Schau mal, da!“, ruft Emma.

Aber sie guckt nicht zum Campingwagen.

Sondern zum Strand.

Da bewegt sich etwas zwischen den Felsen.

„Ein Tier!“, flüstert Mia.

„Es hat sich irgendwie verfangen!“

Schnell klettern sie vom Baum.

Kurz darauf rennen sie über den Sand.

Der Mond scheint auf das Tier

zwischen den Felsen.

Es ist ein **Robbenkind**.

Es hat sich in einem alten Fischernetz verheddert. Als wäre es gefesselt. Emma rast los und holt ein Messer. „Halt still!“, sagt Mia. Aber die Robbe hat Angst und schnappt. Mia hat auch Angst.

Doch dann schaffen sie es,
das Netz zu zerschneiden.
Die Robbe ist frei.
Mia und Emma umarmen sich.
„Toll!“, ruft jemand hinter ihnen.
Es ist Daniel. „Habt ihr
die Robbe befreit? Ganz allein?“

„Nee, zu zweit“, sagt Mia.

„Cool! Ihr seid echte Retter!“,
sagt da noch jemand.

Hinter Daniel stehen die Jungen
vom Campingwagen.

Und Sissy, Kimmy und Elsie.

„Das Netz, in dem die Robbe festsaß ...
War das nicht von der Bikini-Burg?“,
fragt Emma.
„Kann sein“, murmelt Sissy.
„Haben wir wohl am Strand vergessen.“
„Wisst ihr was? Morgen retten wir
zusammen Tiere“, sagt Daniel.
„Super!“, rufen die Angeberinnen.

„Mit einem **Müll-Sammel-Tag** am Strand“,
fügt Daniel hinzu.
Die Angeberinnen stöhnen.
Aber Mia und Emma grinsen sich an.
Bestimmt kann man dabei
ein neues Abenteuer erleben.

Fragen und Antworten

1. Womit fahren Johanna und ihr Vater nach Schweden? Kreise das richtige Wort ein.

SCHIFFEISENBAHNAUTOBUS

Antwort: Auto

2. Welches Tier trifft Johanna an ihrem ersten Tag? Kreise ein.

Antwort: Bär

3. Was gibt Johannas Papa am Ende zu? Trage das fehlende Wort ein.

Ich kenne mich nur _____-gut aus.

Antwort: Ich kenne mich nur halb-gut aus.

4. **Was haben Jan und Tom außer Würstchen, Äpfeln und Broten beim Zelten dabei? Bringe die Silben in die richtige Reihenfolge.**

MI GEN GUM SCHLAN

Antwort: Gummischlangen

5. **Lies genau in Spiegelschrift. Wer kommt mitten in der Nacht zum Zelt? Kreuze an.**

☐ Igel

☐ Lise

☐ Lisa

Antwort: Lisa

6. **Wie viele Kinder übernachten am Ende der zweiten Geschichte im Garten? Rechne aus und kreuze an.**

☐ 20-15= _____

☐ 20-17= _____

☐ 20+17= _____

Antwort: 20-17=3

Fragen und Antworten

7. Wie nennen Emma und Mia die anderen Mädchen im Ferienlager? Kreuze an.

- ☐ Klasse-Angeberinnen
- ☐ Super-Angeberinnen
- ☐ Mega-Angeberinnen

Antwort: Super-Angeberinnen

8. Was vergessen Sissy, Kimmy und Elsie am Strand? Kreise ein.

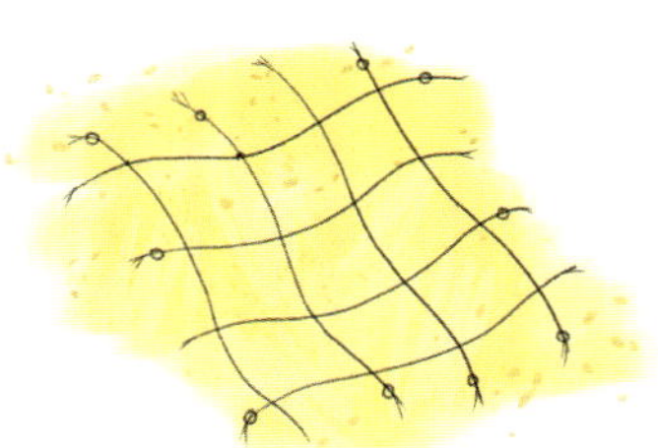

Antwort: Netz

9. Was schlägt Daniel am Ende vor? Trage die fehlenden Buchstaben ein.

MÜ___-SAMM___-TAG

Antwort: Müll-Sammel-Tag

10. Findest du die vier Wörter aus den Geschichten im Buchstabengitter?

L	A	G	U	F	Z	U	P
G	Q	U	R	W	T	S	O
N	R	K	Z	E	S	T	L
U	S	F	E	U	E	R	G
M	V	L	L	K	A	A	F
J	N	G	T	L	D	N	I
H	H	I	U	P	G	D	K
F	R	O	B	B	E	X	J

Antwort: Feuer, Strand, Zelt, Robbe

Schon gewusst?

campen (Seite 8):

Das Wort kommt aus dem Englischen. „Camp“ bedeutet so viel wie kampieren, also ein Lager errichten. Camping sagt man zu Urlaub, bei dem man draußen in der Natur übernachtet – egal ob im Zelt, im Wohnwagen oder unter freiem Himmel.

Elch (Seite 9):

Elche sind sehr große Hirsche. Sie werden bis zu drei Meter lang und über zwei Meter hoch. In Europa leben sie nur in den nordischen Ländern, zum Beispiel in Schweden.

Lagerfeuer (Seite 14):

Ein Lagerfeuer wärmt, man kann darauf kochen und es vertreibt Insekten. Außerdem ist es gemütlich und perfekt, um Gruselgeschichten zu erzählen.

Robbenkind (Seite 48):

Während Robbenmütter nach Futter suchen, lassen sie ihre Kinder manchmal am Strand zurück. Auch wenn ein Robbenkind nach seiner Mutter ruft, sollte man nicht zu nah rangehen und es nicht anfassen. Sonst kann es passieren, dass die Mutter seinen Geruch nicht mehr erkennt. Wenn man eine Robbe in Not findet, informiert man am besten den Tierschutz.

Müll-Sammel-Tag (Seite 53):

Müll gehört nicht in die Natur! Er ist nicht gut für die Umwelt, für die Tiere und auch nicht für uns Menschen.

So ein Müll-Sammel-Tag ist daher eine gute Idee. Nicht nur am Strand, auch bei dir im Park oder auf dem Spielplatz.

Blättere schnell um und trage die roten Buchstaben in der richtigen Reihenfolge in die Kästchen ein!

Anni Möwenthal wurde 1991 in Kapstadt geboren. Zum Journalismusstudium kam sie nach Deutschland, ins Heimatland ihres Vaters, und begann, Geschichten für Kinder zu schreiben. Heute ist sie fast ständig auf Reisen. Sie liebt exotische Tiere, aber nur außerhalb von Zoos, und verbringt viel Zeit auf Exkursionen in den verbleibenden Wäldern unserer Erde, wo sie auch neue Ideen sammelt.

Laura Bednarski, Jahrgang 1992, studierte Design und Illustration an der Fachhochschule Münster und der HAW Hamburg. Heute lebt und arbeitet sie als freiberufliche Illustratorin im schönen Emsland. Ihre Bilder- und Kinderbücher entstehen meistens bei einem guten Hörbuch und einer Tasse Tee. Wenn sie gerade nicht am Zeichentisch sitzt, buddelt sie vermutlich im Garten oder stört ihren Kater bei seinem Schönheitsschlaf.

Das Leselöwen-Lösungswort

Besuche den Leselöwen auf
www.leseloewen.de und trage
die farbigen Buchstaben
von der Seite *Schon gewusst?*
in der richtigen Reihenfolge
in die magische Box ein.

Wenn du das Lösungswort
gefunden hast, kommst du
auf die geheime Seite mit vielen
weiteren Spielen und Rätseln!

Der **Leselöwe** freut sich auf dich!